线装国学馆

线装国学馆

# 三十六计

《线装国学馆》编委会 编

全四卷◎第二卷

中国画报出版社
CHINA PICTORIAL PRESS

线装国学馆

三十六计

三十六计

线装国学馆

# 三十六计

第三卷

线装国学馆

三十六计

# 三十六计

第四套 混战计

一四七

三十六计

第四套 混战计

一四八

三十六计

第四套

# 混战计

## 第十九计 釜底抽薪①

【原文】

不敌其力②，而消其势，兑下乾上之象③。

【按语】

水沸者，力也，火之力也，阳中之阳也，锐不可当；薪者，火之魄也，即力之势也，阴中之阴也，近而无害。故力不可当而势犹可消。尉缭子④曰：『气实则斗，气夺则走。』而夺气之法，则在攻心。昔吴汉为大司马⑤，有寇夜攻汉营，军中惊扰，汉坚卧不动，军中闻汉不动，有顷乃定。



乃选精兵反击，大破之。此即不直当其力而扑消其势也。宋，薛长儒⑥为汉、湖、滑三州通判⑦，驻汉州。州兵数百叛，开营门，谋杀知州、兵马监押⑧，烧营以为乱。有来告者，知州、监押皆不敢出。长儒挺身出营，谕之曰：『汝辈皆有父母妻子，何故做此？叛者立于左，胁从者立于右！』于是，不与谋者数百人皆趋立于右。独主谋者十三人突门而出，散于诸村野，寻捕获。时谓非长儒，则一城涂炭矣。此即攻心夺气之用也。

或曰：敌与敌对，捣强敌之虚，以败其将成之功也。

【注释】

①釜底抽薪：从锅底抽掉柴火。比喻从根本上解决问题，也指暗中进行破坏。釜：古代的一

种锅。

②不敌其力：不攻打敌人的主力。敌，攻打。

③兑下乾上之象：系易经中履卦的卦象，指以柔克刚、以弱胜强。兑下，阴卦，为柔。乾上，阳卦，为刚。

④尉缭子：古代的一部兵书，作者尉缭。一说作者是魏惠王（前400—前319）时的隐士，一说为秦始皇时任国尉（官名，掌管一千名卫兵）的尉缭。

⑤吴汉为大司马：吴汉（？—44），字子颜，宛县（今河南南阳）人，东汉开国名将。25年，刘秀称帝，建立东汉，随后任命屡建战功的吴汉为大司马。大司马，古代官名，掌管军权。

⑥薛长儒：北宋时期的官员，生平、事迹不详。

⑦汉、湖、滑三州通判：汉州、湖州、滑州三州通判。汉州，即今四川广汉。湖州，即今浙江湖州。滑州，即今河南滑县。

⑧知州、兵马监押：均为古代官员。知州，一地的行政长官。兵马监押，一地的统兵官员。

**【原文译文】**

不要攻打敌人的主力，而应该消解敌人的气势。这是易经中演化出来的以柔克刚、以弱胜强的道理。

**【按语译文】**

水的沸腾，是强盛的表现，体现了火的力量，是刚强中最刚强的，锐利不可阻挡。柴草，是火的魂魄，是形成强盛火力的原因，是刚强中柔弱的一面，接近它不会有危险。因此，敌人的主力不可阻挡，气势却能消解。

尉缭子中说：『气势饱满就可以投入战斗，气势低落就应该撤退。』而消解气势的办法，就在于瓦解敌人的心理。东汉时期，名将吴汉被任命为大司马。有一次，敌军在夜里袭击吴汉的营寨，将士们惊慌失措，吴汉坚持躺着，不为所动，将士们听说吴汉不为所动，过了一会儿就稳定下来。这时吴汉才挑选精兵反击，大败敌军。这就是不直接阻击敌人，而用计消解敌人的气势。北宋时期，薛长儒担任汉州、湖州、滑州的通判，驻扎在汉州。有一次，数百名士兵叛乱，打开营门，打算杀知州和兵马监押，焚烧军营，发动叛乱。有人来报告这件事，知州和兵马监押都不敢出门。薛长儒挺身而出，进入军营，用分析福祸来开导作乱的士兵，说：『你们都有父母、妻子、孩子，为什么要这么做呢？带头叛乱的人站在左边，被胁迫跟随的人站到右边！』于是，没有参与谋反的数百人站到右边，只有叛乱的主谋十三个人夺门而出，逃到村野之中，不久都被抓获。当时人们都说，如果没有薛长儒，全城的人都会遭殃。这就是瓦解敌人的心理、消解敌人气势所发挥的作用。

有人说：与敌人对抗时，攻击强敌的弱点，就能破坏敌人即将取得的成功。

【历史故事】

## 垓下之战

高祖四年（前203）八月，刘邦与项羽签订盟约，约定楚汉以鸿沟为界划分天下。随后，项羽撤兵。

就在刘邦准备撤兵的时候，谋士张良、陈平却建议乘机攻击项羽。他们说：『现在，汉朝已经拥有天下的一大半，诸侯们纷纷归附。楚军的粮食已经用尽，这正是上天要灭亡楚国的时机，不如乘机进攻消灭项羽。如今放过项羽而不追击，就是「养虎为患」啊！』刘邦想了想，认为两人说得对，便背弃盟约，起兵追击项羽。

第二年十月，刘邦追至固陵，与大将韩信、彭越相约攻击楚军。但是，韩信、彭越没有如约赶到。



汉军因此被击败，刘邦率兵退至陈下。一天，刘邦问张良：『韩信、彭越不听我的，怎么办？』张良说：『击败楚军之后，韩信、彭越没有得到封地，不来是应该的。您如果能和他们共享天下，让他们各自为土地而战，他们一定会立即赶来，击败楚军就容易多了。』

刘邦立即依言而行，韩信、彭越果然都率兵赶到。形势立即反转，变得对项羽不利。

十二月，项羽被追退至垓下。此时，项羽只剩十万人马，粮食已经吃完。楚军突围数次都被击败，只得退入垓下固守。

尽管汉军在垓下的外围设置了数重包围，但刘邦知道项羽勇猛过人，手下都是以一当十的精兵，所以不敢轻举妄动。

一天夜里，项羽突然听到四面都传来了楚歌声，侧耳倾听，

发现歌声是从汉军的营中传出来的，忍不住惊呼：『刘邦已经得到楚国了吗？为什么有这么多楚国人？』随即让手下人端出酒痛饮起来。喝着喝着，项羽潸然泪下，接着一边哭一边慷慨地唱道：『力拔山兮气盖世，时不利兮骓不逝。骓不逝兮可奈何，虞兮虞兮奈若何！』众人深受感动，都放声大哭。

随后，项羽带着八百勇士，以夜色为掩护，突围而去。天亮后，汉军发现项羽逃脱，便全力追赶。

项羽且战且逃，到达乌江边时，身边只剩下二十八名士兵。当时，乌江的亭长驾着一条小船停泊在岸边。他劝项羽上船，但项羽说：『这是上天要灭亡我，我渡江有什么用！当年江东子弟八千人渡江向西挺进，现在没有一个人归乡，我有什么面目见江东父老！』说罢下马步行，拿着剑与汉军交战。在杀死几百人之后，项羽自刎而死。

## 第二十计 混水摸鱼①

【原文】

乘其阴乱，利其弱而无主。随，以向晦入宴息②。

【按语】

动荡之际，数力冲撞。弱者依违③无主，敌蔽而不察，我随而取之。六韬④曰：『三军数惊，士卒不齐，相恐以敌强，相语以不利，耳目相属，妖言不止，众口相惑，不畏法令，不重其将。此弱征也。』是鱼，混战之际，择此而取之。如刘备之得荆州，取西川⑤，皆此计也。





【注释】

①混水摸鱼：比喻趁混乱时捞取利益。也作『浑水摸鱼』。

②随，以向晦入宴息：顺应天时，在天将黑的时候入室休息。易经·随·象辞：『泽中有雷，随，君子以向晦入宴息。』随，顺从，指顺应天时。向晦，天将黑。宴息，休息。

③依违：顺从，对抗。

④六韬：是战国时期道家典籍太公的兵法部分，又称太公六韬、太公兵法，作者是姜子牙。

⑤刘备之得荆州，取西川：208年，刘备联合孙权在赤壁击败曹操，并占领荆州四郡。接着，刘备从孙权手中借走南郡（治所在今湖北荆州），从而占据荆州五郡。212年年底，刘备进攻益州。214年，益州牧刘璋投降刘备，刘备自此占据益州。西川，指益州，刘

治所在今四川成都。

【原文译文】

趁敌人内部混乱的时候，从他们的薄弱和不稳定中获利。就像人顺应天时，在天将黑的时候入室休息一样。

【按语译文】

局面动荡的时候，就会有多种力量互相冲突。那些弱小的力量顺从、对抗谁，没有确定，情况零散、隐藏难以察觉，我方乘机从中得利。古代兵书《六韬》中说：『全军数次受惊扰，士兵军心不齐，因为敌人强大而互相惊吓，互相说着不利于战斗的话，传播小道消息，谣言不断，互相怂恿，不畏惧法令，不尊重将领。这些是军队怯弱的征兆。』这就像浑水中的鱼，可以在混战的时候，乘机捞鱼，获得胜利。例如，刘备得到荆州、攻克西川，都是用这个计谋。



【历史故事】

## 张守珪识破诈降败契丹

张守珪是唐朝的名将，足智多谋、英勇善战，战功赫赫。

开元二十一年（733），张守珪被任命为幽州长史。当时，盘踞在幽州东北部的契丹势力强大，经常侵扰唐朝的边境地区。幽州的官员多次反击，但都没有成功。

张守珪到任后，立即整顿军队，频频出兵攻打契丹，每一次作战都能获胜。

契丹的首领屈刺十分恐惧，不知道唐军为何突然变得如此强大，于是派遣使者到幽州诈降，试图打探唐军的虚实。张守珪对契丹一反常态地求和非常警觉，与使者交谈之后，识破了屈刺诈降的阴谋。

接着，张守珪将计就计，将大将王悔叫到面前嘱咐了一番，随后派他到契丹商谈和约。屈刺热情地将王悔接进自己的营帐中，设宴款待。席间，王悔发现屈刺并不是真心投降，便按照张守珪的嘱咐，在契丹的军营中住了下来。

过了几天，屈刺下令向西北前进。王悔暗中向契丹的士兵打听，得知屈刺打算联合突厥，杀了自己之后再进攻幽州。在与契



第四套 混战计

丹的士兵交谈中，王悔得知契丹的两名统帅李过折、可突干貌合神离，私下里经常争权夺利，于是决定利用两人的矛盾。

一天，王悔当着李过折的面，故意夸奖可突干的英勇。李过折听着听着，脸色变得越来越难看。王悔知道李过折已经生气，又故作疑惑地问：『有可突干这么能干的统帅，屈刺为什么向唐朝求和？』李过折怒火中烧，厉声地说：『屈刺打算联合突厥攻击幽州，根本不是真心求和。这都是可突干的主意。这个人不顾百姓死活，极力主张反唐。我劝屈刺不要与唐朝为敌，但他不听。侵犯唐朝的事，都是可突干做的。』王悔听出李过折想与唐朝和平共处，便说：『唐朝疆土辽阔、国力强盛，如果举兵反击，契丹很难抗衡。』李过折低头不语。王悔接着说：『幽州长史张守珪胆略

过人，威震天下，可突干根本不是对手。你不如归顺唐朝，不仅能解救百姓，还能建功立业。』李过折沉思良久，决定归顺唐朝。王悔大喜，立即与李过折约定唐军接应的时间。

第二年十二月的一天夜里，李过折突然率兵冲进屈剌与可突干的营帐，将两人杀死。可突干手下的将士回过神，立即与李过折交战起来。就在双方混战之际，张守珪率唐军赶到，将可突干手下的将士全部杀死。

随后，李过折率契丹的余部投降了张守珪。



## 第二十一计 金蝉脱壳①

【原文】

存其形，完其势；友不疑，敌不动。巽而止，蛊②。

【按语】

共友击敌，坐观其势。尚另有一敌，则须去而存势。则金蝉脱壳者，非徒走也，盖为分身之法也。故大军转动，而旌旗金鼓，俨然原阵，使敌不敢动，友不生疑，待己摧他敌而返，而友敌始知，或犹且不知。然则金蝉脱壳者，在对敌之际，而抽精锐以袭别阵也。如诸葛亮卒于军，司马

**懿追焉[3]，姜维令仪[4]反旗鸣鼓，若向懿者，懿退，于是仪结营而去。檀道济被围[5]，乃命军士悉甲，身白服乘舆徐出外围，魏惧有伏，不敢逼，乃归。**

**【注释】**

①金蝉脱壳：蝉脱去外壳。比喻制造或利用假象脱身，使对方不能及时发觉，或比喻事物发生根本性的变化。

②巽而止，蛊：暗中转移力量，迷惑敌人。易经·蛊·象传：『蛊，刚上而柔下，巽而止，蛊。』

③诸葛亮卒于军，司马懿追焉：234年，诸葛亮第五次北伐中原，病逝于军中，蜀军随后撤退。司马懿率军追击，但被诸葛亮生前安排的计策吓退。

④仪：即杨仪（约189－235），襄阳（今湖北襄阳）人，三国时期政治家。

⑤檀道济被围：430年，檀道济率军与北魏交战，因为粮尽被围困。檀道济（？—436），东晋末年、南朝宋初年将领。

**【原文译文】**

保持原有的阵形，造成仍在原地的态势；使友军不怀疑，敌军也不敢轻举妄动。然后暗中转移力量，迷惑敌人。

**【按语译文】**

与友军联合攻击敌人时，要冷静地观察形势。如果有另外一股敌人，就必须保留现有的态势，然后离开。所谓金蝉脱壳，不是直接离开，而是一种分身的办法。因此，当我军主力转移时，依然要像在原阵地一样，旌旗招展，

金鼓喧天，使敌人不敢轻举妄动，友军不会产生怀疑，等我方摧毁另外一股敌人返回时，友军和敌人才知道，或者仍然不知道。这里所谓金蝉脱壳的做法，是在对敌的时候，抽出精锐部队去袭击另外的敌人。例如，诸葛亮第五次北伐中原时，在军中病逝，司马懿率军追击，蜀将姜维命令参军杨仪将旗帜反过来，并擂鼓，就像要朝司马懿发动进攻一样，司马懿吓得退走了，于是杨仪带着蜀军撤走。南北朝时期名将檀道济被北魏的军队围困，于是命令士兵穿上盔甲，自己穿上白衣服坐到车上，缓慢地走出包围圈。北魏的军队害怕有埋伏，不敢进逼，于是檀道济平安地撤回了国。

【历史故事】

## 毕再遇出奇制胜败金军

开禧二年（1206）四月，金国派军南下，征讨南宋。南宋宰相韩侂胄极力主张抗击，宋宁宗同意出兵，派大将郭倪率军北伐。

在进攻泗州的战斗中，宋将毕再遇采用出其不意攻城的策略，迅速破城，一战成名，威震金军。五月，毕再遇在守卫灵璧时，亲自率兵向金军发起冲锋。金军的士兵看到毕再遇的旗帜，纷纷惊呼『毕将军来了』，没有抵抗就逃跑了。此后，毕再遇又数次获得胜利。但是，进攻寿州的宋军被金军击溃，形势立即变得对南宋不利。韩侂胄只得将北伐的人马撤回，布置在江淮地区的要害之地，以防金军南下。

十月，金军分九路南下。其

中一路人马从清河口渡过淮河，直插楚州。镇守盱眙的毕再遇立即驰援，金军乘机攻克盱眙。毕再遇闻讯后，立即回军夺回盱眙，然后继续增援楚州。

当时，楚州外聚集了七万金军。毕再遇派间谍四处打探，得知金军的粮草集中在淮阴和清河口，守卫的人马不多，便派人马悄悄地从小路赶到淮阴，在夜里火烧粮车。金军猝不及防，纷纷丢下粮草逃窜。

在金军围困楚州期间，毕再遇数次出奇制胜。一次，毕再遇与金军交战，边战边退。到了傍晚的时候，毕再遇下令用香料煮了很多豆子撒在地上，然后又与金军交战，并佯装不敌后撤。金军乘胜追击，但战马闻到豆香，都停下来吃地上的豆子，任凭士兵们如何鞭打，就是不前进。这时，毕再遇组织反攻，大败金军。

金军常常利用水柜放水淹宋军，总是能达到目的。一天夜里，毕再遇利用夜色的掩护，下令给事先编好的数千个稻草人穿上盔甲、衣服，绑上旗帜、兵器，按照作战队形排列好，并在黎明时命令士兵擂鼓。金军惊慌失措，以为宋军进攻，立即放开水柜里的水。天亮后，金军发现被淹的都是一群稻草人，非常沮丧。这时，毕再遇下令反攻，大败金军。

最有名的一次战例是利用悬羊击鼓欺骗金军。当时，毕再遇看到金军纷纷朝楚州集中，人越来越多，便决定撤离。

金军的营寨与宋军的营寨相距不远，每天都能听到鼓声。金军以为宋军正在积极操练，便调兵遣将，打算与宋军交战。几天后，金军发现宋营的鼓声越来越弱。直到有一天早晨，金军发现宋营里鸦雀无声。众人非常奇怪，

议论纷纷。一名金军将领见状，便领着人马小心翼翼地向宋营接近。

到宋营的门口时，金军将士竟然没有发现守卫的宋军士兵。他们紧张地冲进宋营，仍然没找到一个人，却看到一群羊被吊了起来。每只羊前脚的前面都放着一面鼓，羊挣扎的时候，前脚不停地踢到鼓上，鼓因此被击响。

金军将士这才恍然大悟，原来每天的鼓声都是羊蹄响的，宋军早已撤走了，根本无法追上。



## 第二十二计 关门捉贼①

【原文】

小敌②困之。剥，不利有攸往③。

【按语】

捉贼而必关门，非恐其逸也，恐其逸而为他人所得也。且逸者不可复追，恐其诱也。贼者，奇兵也，游兵也，所以劳我者也。吴子④曰：『今使一死贼，伏于旷野，千人追之，莫不枭视狼顾⑤。何者？恐其暴起而害己也。是以一人投命，足惧千夫。』追贼者，贼有脱逃之机，势必死斗；若断

**其去路，则成擒也。故小敌必困之，不能，则放之可也。**

【注释】

①关门捉贼：关起门才能捉住进来的小偷。比喻对小股敌人要采取围歼的战术。

②小敌：力量弱或数量少的敌人。

③剥，不利有攸往：分离，不利于外出。指让小敌逃逸，追击就不利。语出易经·剥。

④吴子：即吴起（前440—前381），卫国左氏（今山东曹县）人，著名的政治改革家、军事家、法家代表人物，著有吴子（又称吴起兵法、吴子兵法），与孙子合称『孙吴』。

⑤枭视狼顾：像枭一样盯视，像狼一样顾盼。形容行动警惕，有所畏忌。



【原文译文】

对于力量弱或数量少的敌人，要及时围困并消灭。如果他们逃逸，追击就不利。

【按语译文】

捉贼必须关上门，不是担心敌人逃脱，而是怕他们逃脱之后被其他人所利用；而且逃脱的敌人不能再轻易地追赶，防止中诱兵之计。这里说的贼，指那些神出鬼没、流动作战的小股队伍，他们的目的是让我军疲劳。吴起说：『现在让一个亡命之徒隐藏在旷野里，一千个人去抓他，没有一个不枭视狼顾。为什么呢？因为害怕他突然冲出来伤害自己。因此，一个人舍弃性命，足以让一千个人害怕。』追击敌人，敌人如果有逃脱的机会，一定会拼命

战斗；如果截断他们的退路，敌人就会束手就擒了。因此，对力量弱或数量少的敌人，必须围困并消灭；如果做不到，放他们逃走就行了。

【历史故事】

## 袁绍灭公孙瓒称霸

东汉末年，宦官专权，中军校尉袁绍利用自己的兵权，借屠戮宦官之机拥兵自重，并与占据幽州一带的军阀公孙瓒连年交战。

当时，公孙瓒盘踞在易京，囤积了大量的粮食。他下令在自己的住所外挖掘了十几重战壕，



在战壕内堆积起高达五六丈的土丘，每个土丘上都设置营垒。同时，禁止七岁以上的男子进入。

建安三年（198），已经控制北方大部分地区的袁绍，写信给公孙瓒，要求罢兵联合。公孙瓒不理不睬，并加强防守。袁绍十分生气，率大军攻打公孙瓒。公孙瓒按兵不动，根本不援救那些被袁绍攻打的手下将领，并说：『救一个人，以后所有人都会等待援救而不肯尽力作战。我不去援助他们，他们自己就会振作起来。』众人感到非常失望，也不抵抗袁绍，不是投降就是弃城而逃。不久，袁绍就攻到了易京附近。

公孙瓒非常着急，派儿子出城求援，自己则打算弃城突围。他的幕僚关靖说：『现在将军的军队都散在各处，如果能持久地坚守易京，袁绍自然会退兵，各处的军队就会重新聚集。如果现

在弃城，军队就会失去根基。到那时，将军的努力都会付之东流。』公孙瓒认为关靖说得对，便决定坚守易京，等待援军到来，内外夹击袁绍。

建安四年（199）三月，黑山军首领张燕率十万人马救援易京。公孙瓒非常高兴，立即派人送信给儿子，告诉他以点火为内外夹击的信号。让公孙瓒没想到的是，送信的人一出城，就被袁绍的手下人抓获。公孙瓒给儿子的信随即落入袁绍之手。

袁绍大喜，将计就计，按照信中的约定日期，在城外点火。公孙瓒以为援军杀到，便率军冲出城。袁绍的伏兵乘机出击，公孙瓒大败，退回城内。

随后，袁绍下令在易京外挖掘地道。等挖到公孙瓒精心构筑的防守工事下时，袁绍命令士兵放火，烧毁了支撑地道的木柱。只听『轰隆』一声响，一团灰尘腾空而起，土丘及营垒瞬间出现了一个豁口。袁绍的军队乘机从豁口涌入易京。

公孙瓒听着震天响的喊杀声，知道大势已去，便杀死家眷，然后登上高台放火自焚。袁绍发现后，立即命令士兵冲上去杀了公孙瓒。

消灭公孙瓒之后，袁绍成了北方地区最大的割据势力。

## 第二十三计　远交近攻①

**【原文】**

**形禁势格②，利以近取，害以远隔。上火下泽③。**

**【按语】**

**混战之局，纵横捭阖④之中，各自取利。远不可攻，而可以利相结；近者交之，反使变生肘腋⑤。范雎之谋⑥，为地理之定则，其理甚明。**

**【注释】**

①远交近攻：结交离得远的国家，进攻邻近的国家。后也指待人处世的手段。

②形禁势格：受形势的阻碍或限制，事情无法推进。格，阻碍。

③上火下泽：火向上烧，水向下流。指使敌人出现矛盾，各个击破。易经·睽·象辞：『上火下泽，睽。』睽，乖违、矛盾。

④纵横捭阖：形容错综复杂的斗争形势。纵横，即合纵和连横。战国时期，纵横家苏秦联合南北六国抗秦，称为合纵；纵横家张仪说服六国服从、依靠秦国攻击别国，称为连横。捭阖，开合。

⑤变生肘腋：比喻事变就发生在身边。肘腋，胳肢窝，形容非常近的地方。

⑥范雎之谋：公元前270年，魏国人范雎逃到秦国，见到秦昭王，提出远交近攻的策略，受到

秦昭王的赏识。

【原文译文】

受到形势的阻碍，进攻靠近的敌人可以获利，越过靠近的敌人去攻击远处的敌人有害。火向上烧，水向下流，使敌人出现矛盾，然后再各个击破。

【按语译文】

在混乱的局面和错综复杂的形势中，各自谋取利益。不能进攻远方的敌人，但能用利益与他结交；如果结交近处的敌人，反而会使身边发生变乱。战国时期，范雎远交近攻的谋略，就是以地理位置的远近作为结交或进攻的准则，它的道理非常清楚。



【历史故事】

## 范雎助秦昭王雄起

战国时期，魏国人范雎颇有辩才，远近闻名。有一次，范雎跟着魏国的大臣须贾出使齐国。齐国的国君齐襄王得知后，私下里赏赐给范雎很多财物。须贾以为范雎将魏国的秘密告诉了齐襄王，回国后就向丞相魏齐告发。魏齐大怒，下令鞭打范雎。范雎的肋骨被打断，牙齿被打掉，只得装死。

为了惩戒其他人，魏齐命人用草席卷起范雎，扔到厕所里，并让喝醉酒的宾客朝草席上溺尿。范雎偷偷地对看守说：『你放我走，我一定会重重地酬谢你。』看守趁魏齐喝醉时，请求将草席里的死人抛到野外。魏齐想也没想，就答应了。范雎因此而逃脱。

事后，魏齐非常后悔，又派人到处寻找范雎。范雎随即藏了起来，并改姓名叫张禄。

公元前271年，秦国的国君秦昭王派使臣王稽出访魏国。范雎乘机跟着王稽到了秦国。随后，王稽向秦昭王推荐范雎，但秦昭王不信，没有任用范雎，只是让他住客舍，吃粗劣的饭食。

第二年，秦昭王派穰侯魏冉越过韩国、魏国，讨伐齐国。一天，范雎等秦昭王外出回王宫时，假装不认识路，走进通往王宫的巷道。一名太监看见范雎，大声呵斥：『大王来了！』范雎高声说：『秦国哪里有大王！秦国只

有太后、穰侯！』秦昭王吃了一惊，立即屏退随从，向范雎拜了几拜，请他指教。范雎说：『穰侯越过韩国、魏国进攻齐国，不是好计划。过去齐湣王攻打楚国，一路挺进千里，但最后没有得到一寸土地。这是因为地理形势导致他根本无法占有土地。大王不如远交近攻，这样，得到一寸土地就是大王的一寸土地，得到一尺地就是大王的一尺土地。魏国、韩国处于中原地区，是天下的中枢。大王如果想称霸，必须接近中原地区，从而威逼楚国、赵国。楚国强大，赵国就会依附秦国；赵国强大，楚国就会依附秦国；楚国、赵国都依附秦国，齐国就会恐惧。齐国再依附秦国，韩国、魏国就能攻克了。』秦昭王听罢，非常高兴，连声说『好』，并立即封范雎为客卿。

随后，秦昭王按照范雎的策

略，进攻魏国、韩国、赵国，并于公元前266年封范雎为丞相。公元前254年，魏国投降秦国，韩国的国君也到秦国觐见秦昭王。

秦始皇继承秦国的君位之后，继续坚持远交近攻的策略，从公元前230年到公元前221年，先后消灭了韩、赵、魏、楚、燕、齐六国，建立了中国历史上第一个中央集权国家——秦朝。





## 第二十四计 假道伐虢①

**【原文】**

两大之间②，敌胁以从，我假以势。困，有言不信③。

**【按语】**

假地用兵之举，非巧言可诳，必其势不受一方之胁从，则将受双方之夹击。如此境况之际，敌必迫之以威，我则诳之以不害，利其幸存之心，速得全④势，彼将不能自阵⑤，故不战而灭之矣。如晋侯假道于虞以伐虢⑥，晋灭虢，虢公丑⑦奔京师⑧，师还，袭虞灭之。

【注释】

①假道伐虢：借路讨伐虢国。虢，是西周时的一个小诸侯国。

②两大之间：指处于我国和敌国两个大国之间的小国。

③困，有言不信：处于困厄之中，不相信这个道理。语出《易经·困》。

④全：掌控。

⑤自阵：自圆阵形，指自我保护。

⑥晋侯假道于虞以伐虢：公元前655年，晋献公向虞国借路去进攻虢国。虞国的国君不顾大臣的劝阻而同意。当年冬天，晋国灭虢。晋军返回时，灭掉虞国。晋侯，指春秋时期的晋国君主晋献公（？—前651），在位二十六年。

⑦虢公丑：虢国的最后一位国君。

⑧京师：指西周的都城（今陕西西安）。虢国是西周的一个诸侯国。

【原文译文】

处在我国和敌国两个大国之间的小国，当敌国用武力威胁其屈从时，我国应借机援救而造成有利的态势。处于困厄之中的国家，只有口头许诺而无实际的援助是难以取得他们信任的。

【按语译文】

借他国之地用兵的举动，不是用花言巧语就能哄骗，一定是因为他国所处的境地，不是受一方威胁屈从，就是受到两个大国的夹击。在这种情况下，敌国一定用威势逼迫他，我国则哄骗说

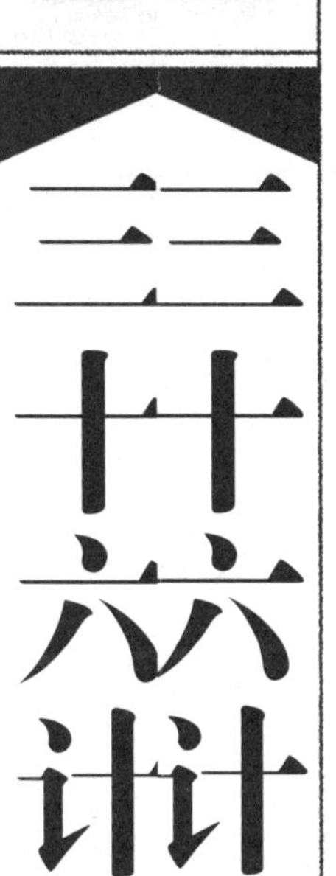



不会加害于他，利用他的侥幸心理，迅速地掌控局势，他将不能自我保护，因此不用作战就能消灭他。例如，晋献公向虞国借道去攻打虢国，晋国消灭了虢国后，虢国的君主虢公丑逃到京城。晋国班师时又袭击虞国，把虞国也消灭了。

【历史故事】

## 秦军借道苴国灭蜀国

公元前 368 年，蜀王杜尚封弟弟杜葭萌为苴侯，费城为都城，在其封地建立了苴国。当时，西南地区有蜀国、巴国两个强国。杜葭萌大力发展农业生产，并与巴国交好，逐渐强大起来。

公元前 316 年，蜀国与巴国





交战，两国都向秦国求援。不久，蜀国获胜。为了限制和打击苴国，蜀王杜芦一方面打算另立苴侯，另一方面下令开凿蜀国至苴国的石牛道，以便能快速出兵。苴侯非常着急，也向秦国求援。

秦国先后接到三个国家的求援，内部产生了争议。秦国的国君秦惠王打算讨伐蜀国，但认为蜀地的地形险峻、道路难走，加之当时韩国正攻击秦国，便犹豫不决。大将司马错坚定不移地支持伐蜀，但丞相张仪却建议伐韩。最终，司马错以蜀地富裕可以作为秦国的支撑为由，打动了秦惠王。于是秦惠王派张仪、司马错

等率军伐蜀。

根据张仪的计策，秦军打算借道苴国伐蜀。为了说服苴侯，张仪让人制作了五头石牛，将黄金镶在牛尾下，派儿子护送到苴国。苴侯收到礼物，非常高兴，同意了秦军的要求。接着，张仪又派人到苴国、蜀国的边界，大肆宣扬说：『秦惠王愿与苴国结盟，送给苴侯五头石牛。这些石牛有灵性，晚上会偷偷地吃草，吃饱后拉的屎都是黄金。』杜芦听说后，立即下令加快开凿石牛道的进度，以便早日夺取石牛。

石牛道凿通之后，杜芦迫不及待地发兵攻苴。但是，蜀军刚到达苴国，就迎来了秦军。

秦军借道苴国，击退蜀军，经过石牛道攻打蜀国。蜀国抵挡不住凶猛善战的秦军，不久就被消灭，蜀王也被贬为蜀侯。与此同时，苴国也被秦军消灭了。

线装国学馆

三十六计

# 三十六计

第五套 并战计

第五套 并战计

一九五

一九六

# 并战计

三十六计

第五套

## 第二十五计　偷梁换柱①

【原文】

频更其②阵，抽其劲旅，待其自败，而后乘之。曳其轮也③。

【按语】

阵有纵横，天衡④为梁，地轴⑤为柱。梁柱以精兵为之。故观其阵，则知其精兵之所在。共战他敌时，频更其阵，暗中抽换其精兵，或竟代其为梁柱；势成阵塌，遂兼其兵。并此敌⑥以击他敌⑦之首策也。



【注释】

①偷梁换柱：比喻用偷换的办法，暗中改变事物的本质和内容，以达到蒙混、欺骗的目的。

②其：指友军，下同。

③曳其轮也：拖住了车轮，车子就无法前进。易经·既济：『曳其轮，濡其尾，无咎。』

④天衡：战阵中首尾相对的队列。

⑤地轴：战阵中央的队列。

⑥此敌：指友军。

⑦他敌：指原本的敌人。

【原文译文】

频繁地更换友军的阵式，抽换友军的精锐部队，等待他失败，然后乘机兼并。这就像拖住了车轮，车子就无法前进一样。

**【按语译文】**

作战时的阵式，有纵有横，以首尾相对队列的天衡作为阵式的大梁，以中央队列的地轴作为阵式的支柱。大梁和支柱用精兵组成。因此，观察友军的阵式，就知道他的精兵所处的位置。我军与友军共同对战敌军时，频繁地变换友军的阵式，暗中抽换友军的精兵，甚至用我军替换友军的梁柱。形成对我军有利的形势，友军的阵式必然崩塌，于是我军就能兼并友军。这就是通过兼并友军而攻击敌人的首要策略。



**【历史故事】**

## 邯郸之围

公元前260年，赵国在长平之战中不敌秦国，四十五万人马被消灭，自此由强转弱。秦国试图乘胜消灭赵国，于公元前259年秋起兵攻打赵国的都城邯郸。双方展开了拉锯战。因为邯郸城内的粮食耗尽，赵国的国君赵孝成王被迫向楚国、魏国求援。

公元前258年，平原君赵胜奉赵孝成王之命，出使楚国。他带着毛遂等二十名门客赶到楚国，游说楚国的国君楚考烈王，但楚考烈王始终犹豫不决。最终，毛遂用言辞打动楚考烈王，让他同意与赵国结盟。随后，楚国出兵十万援救赵国。

平原君的妻子是魏国公子信陵君魏无忌的姐姐，因此，魏国

的国君魏安釐王接到平原君的求援信，立刻派大将晋鄙率十万人马援救赵国。秦国的国君秦昭王得知后，派人威胁魏安釐王说：『如果谁敢救赵国，我打败赵国后将立即攻打他。』魏安釐王害怕，命令晋鄙驻扎在邺城。

信陵君获悉晋鄙停滞不前，非常着急，几次催促魏安釐王，但魏安釐王不为所动。正在信陵君无计可施的时候，一个叫侯嬴的看守城门的人对他说：『我听说晋鄙的兵符常放在魏王的卧室里。如姬最受魏王的宠幸，能进出魏王的卧室。只要如姬努力，一定能偷出兵符。我听说如姬的父亲被人杀害，但凶手一直没有找到。后来您派门客杀了凶手，如姬感激不尽，甚至都有为您赴死的心意。您只要开口求她，她一定会答应。拿到虎符，夺过晋鄙的军权，就能援救赵国，击退秦军。这是成就王霸之业的战斗啊！』

信陵君听从侯嬴的计策，悄悄地找到如姬，请她偷出晋鄙的兵符。如姬果然答应，很快就将兵符交给了信陵君。

接着，信陵君带着随从赶到邺城，将兵符交给晋鄙，并假传魏安釐王的命令，说让自己取代晋鄙指挥军队。晋鄙不相信，盯着信陵君说：『我率十万人马驻扎在邺城，是国家的重任。你跑到这里来，说要取代我，是怎么回事？』话音未落，信陵君的随从朱亥突然冲到晋鄙面前，掏出藏在衣服里的铁椎，砸死了晋鄙。

随后，信陵君挑选出八万人进攻秦军。平原君率军从邯郸城内杀出，对秦军形成夹击之势。秦军措手不及，大败而撤。邯郸之围随之解开，赵国也得以保全。

## 第二十六计 指桑骂槐①

**【原文】**

大凌②小者，警以诱之。刚中而应，行险而顺③。

**【按语】**

率数未服者以对敌，若策之不行，而利诱之，又反启其疑，于是故为自误，责他人之失，以暗警之。警之者，反诱之也。此盖以刚险④驱之也。或曰：此遣将之法也。



第五套 并战计

**【注释】**

①指桑骂槐：指着桑树责骂槐树。比喻表面上骂这个人，实际上是骂那个人。

②凌：控制。

③刚中而应，行险而顺：适当的刚强，能得到拥护；冒险的行动，能得到顺利。易经·师·象传：『刚中而应，行险而顺，以此毒天下，而民从之，吉又何咎矣！』

④刚险：强硬的手段，冒险的行动。

**【原文译文】**

强大者控制弱小者，要用警告来诱导他。适当的刚强，能得到拥护，冒险的行动，能得到顺利。

**【按语译文】**

统率不服从自己的军队与敌人对阵，如果不能调动他们，就用利益诱导他们，反而会引起他们的怀疑，因此故意制造失误，责备他人的过失，借此暗中警告他们。警告他们，是从反面诱导他们。这是用强硬的手段、冒险的行动迫使他们服从。有人说：这就是调遣将领的方法。

【历史故事】

**朱元璋斥徐达克镇江**

至正十六年（1356）春，朱元璋率红巾军占领集庆，并将其改名为应天府。当时，江南地区有数股起义军。为了给应天府设置军事壁垒，朱元璋立即计划攻打镇江。不过，红巾军进入集庆后，军纪非常松弛，将领们纵容



手下士兵为非作歹，欺压百姓。朱元璋担心将领们不约束士兵，酿成民患，功亏一篑，因此犹豫不决。

一天，朱元璋将众将领召集在一起，历数欺压百姓的过错。众人顿时惴惴不安起来。突然，朱元璋下令将徐达押到众人面前。众人看着被五花大绑的徐达，面面相觑，心里七上八下。这时，朱元璋厉声地说：『徐达身为大将军，没有严管手下的将士，致使欺压百姓的事时有发生，败坏了红巾军的名声。今天不杀徐达，不足以整顿军纪。』话音未落，众人吓得浑身哆嗦，纷纷跪到地上替徐达求情。朱元璋根本不理，大声地呵斥：『你们都有责任，罪责难逃！』

正在这时，谋士李善长匆匆地走到朱元璋面前，跪到地上，劝阻说：『徐达一直追随元帅，

每次战斗都身先士卒、勇往直前，应该给他一次立功赎罪的机会。』

李善长智勇双全，深得朱元璋的信任。朱元璋见他替徐达求情，知道自己的目的已经达到，便大声地对徐达说：『看在众人都为你求情的面子上，这一次我就饶了你。』说罢，下令给徐达松了绑。众人这才放下心来。

接着，朱元璋对众人说：『现在，我们要攻打镇江。我从起兵的时候起，就没有随便杀过人。你们要体会我的想法，严管士兵。攻下镇江，不要烧杀抢掠。如果有违反命令的，立即斩首。放纵士兵作恶的将领，同样要斩首。』



第五套 并战计

众人纷纷磕头，表示接受朱元璋的命令。

几天后，徐达率军进攻镇江。因为朱元璋的训斥，红巾军纪律严明，作战英勇，很快就占领了镇江。进城后，众将士秋毫无犯，百姓像往常一样平静地生活。

## 第二十七计　假痴不癫①

【原文】

宁伪作不知不为，不伪作假知妄为。静不露机，云雷屯也②。

【按语】

假作不知而实知，假作不为而实不可为，或将有所为。司马懿之假病昏以诛曹爽③，受巾帼、假请命以老蜀兵④，所以成功；姜维九伐中原⑤，明知不可为而妄为之，则似痴矣，所以破灭。

兵书曰：『故善战者之胜也，无智名，无勇功。』当其机未发时，静屯似痴；若假癫，则不但露机，且乱动而群疑。故假痴者胜，假癫者败。或曰：假痴可以对敌，并可以用兵。宋代，南俗尚鬼。狄青征侬智高时，大兵始出桂林之南⑥，因佯祝曰：『胜负无以为据。』乃取百钱自持，与神约：『果大捷，则投此钱尽钱面也。』左右谏止：『倘不如意，恐沮师。』青不听。万众方耸视，已而挥手一掷，百钱皆面。于是举兵欢呼，声震林野，青亦大喜；顾左右，取百钉来，即随钱疏密，布地而贴钉之，加以青纱笼，手自封焉，曰：『俟凯旋，当酬神取钱。』其后平邕州⑦还师，如言取钱，幕府士大夫⑧共祝视，乃两面钱也。

【注释】

①假痴不癫：假装呆傻，实际并不疯癫。形容外表看似愚钝，

但心里却十分清醒。

②静不露机，云雷屯也：平静而不显露机密，像乌云与雷声交相运动、万物初生一样。屯，万物初生。易经·屯·象辞：『云雷，屯；君子以经纶。』

③司马懿之假病昏以诛曹爽：239年，魏明帝去世，太子曹芳继位，大将军曹爽、太尉司马懿辅政。此后，曹爽专权，将司马懿架空。247年，司马懿假装生病辞职。249年年初，武安侯曹爽陪魏国幼帝曹芳出洛阳，祭扫魏明帝的坟墓高平陵，司马懿乘机发动政变，废曹芳，将曹爽逮捕入狱，不久诛曹爽三族。

④受巾帼、假请命以老蜀兵：234年，诸葛亮第五次北伐中原，司马懿在五丈原坚守不出战。双方相持了一百多天。诸葛亮给司马懿送去妇人的衣饰，试图激司马懿交战，但司马懿坚守不出。不久，诸葛亮病逝，蜀军按照诸葛亮的计策安全地撤离。

⑤姜维九伐中原：从247年至262年，姜维率蜀军九度北伐中原，三胜三败三平。

⑥狄青征侬智高时，大兵始出桂林之南：1052年，广西少数民族首领侬智高举兵反北宋。宋仁宗赵祯派枢密院副史（枢密院的副长官。枢密院是古时最高军事机关）狄青率二十万大军讨伐，双方在桂林展开交锋。1055年，侬智高死于大理。

⑦邕州：即今广西南宁。

⑧幕府士大夫：指幕僚。幕府，古时将军的府署。

**【原文译文】**

宁可假装不知道而不行动，也不要假装知道而贸然行事。平静而不显露机密，像乌云与雷声交相运动、万物初生一样。

**【按语译文】**

假装不知道而实际上知道，假装不行动而实际上是不能行动，或者将要有所行动。三国时期，司马懿假装衰老生病，乘机杀曹爽，接受诸葛亮送来的妇人的衣饰，假装上书皇帝请命出战，用这些策略使他获得了成功。蜀将姜维九次北伐中原，明明知道不能行动还要妄动，就是真的呆了，因此他理所当然地遭到了失败。

孙子兵法上说：『善于作战者而取得胜利的人，并不显示自己的智谋和名声，也不炫耀自己的勇武和功劳。』当他们还没有采取行动时，按兵不动，像呆子一样；如果假装疯癫，不但会泄露机密，而且会胡乱行动，导致下属猜疑。因此，假装呆傻的会胜利，假装疯癫的会失败。有人说：假装呆傻可以对敌作战，也可以用来统率军队。宋代的时候，南方的风俗崇尚鬼神。北宋狄青征讨广西少数民族的首领侬智高，大军刚到桂林的南边，狄青就假装拜神祈祷说：『天神啊！此次征讨胜负难料啊！』于是取出一百枚铜钱，放在自己手里，向神许愿：『果真大胜，就让这些钱投下去都是正面朝上。』手下人劝

阻他说：『如果不能如您所愿，恐怕会让将士沮丧。』狄青没有听从。在众将士的注视下，狄青挥手一掷，一百枚铜钱都是正面朝上。于是众将士齐声欢呼，声音震动山林旷野，狄青也非常高兴，回头命令手下人取来一百个钉子，按照铜钱分布的疏密，用钉子把它们钉在地上，又用青纱罩上，然后亲自贴上封条，说：『等到凯旋，一定酬谢神灵，把铜钱取回。』后来，狄青平定邕州后班师，遵守当初的诺言取回铜钱，同僚们一起祝贺，并翻看铜钱，原来它们的两面都一样。



【历史故事】

## 孙膑装傻骗过庞涓

战国时期，魏国有一个叫庞涓的人，颇有军事才能，但是为人奸滑，喜欢耍弄权术。他曾经和一个叫孙膑的人一起学习兵法。孙膑是齐国人，心地善良。他在学兵法的时候，与庞涓相处得非常融洽。两人因此结拜为兄弟。

孙膑对兵法的见解独到，军事才华非凡，远超过庞涓。庞涓心里暗生嫉妒，但从来没有表露出来。他时常赞扬孙膑的才华，说自己将来一定会与他同享荣华富贵。孙膑根本没有察觉，以为庞涓真把自己当成兄弟，因此十分高兴。

庞涓学成后回到魏国，得到国君魏惠王的欣赏，被封为将军，统率魏国的军队，一时间风光无

限。时间一久，他担心孙膑的才能胜过自己，自己的地位可能不保，于是便决定除掉孙膑。

一天，孙膑正在家中读书，收到了庞涓送来的一封信。庞涓在信中说，自己向魏惠王推荐了孙膑，魏惠王十分倾慕他的才华，准备重用他，请他立刻赶到魏国的都城大梁。孙膑觉得庞涓信守诺言，自己的才华也能有用武之地，非常高兴，收拾好行李便动身了。

孙膑到达大梁后，庞涓天天设宴款待，闭口不谈见魏惠王的事。孙膑好几次主动提及，但庞涓总是一语带过，让孙膑耐心等待。孙膑无奈，只得在大梁住了下来。

一天深夜，孙膑看完书，正准备休息，数十个如狼似虎的士兵突然踹开门，闯了进来。孙膑来不及询问怎么回事，就被士兵们推推搡搡地押到另一间屋子里。屋子的正中央坐着一个将军打扮的人。他厉声地说：『孙膑，你私通齐国，应该斩首。幸亏庞将军求情，君王才饶你不死，下令砍断你的双脚，还要在你的脸上刺字。』孙膑目瞪口呆，顿时明白是庞涓在背后陷害自己，但已来不及逃走。士兵们一拥而上，将孙膑绑了起来，砍断双脚，并在脸上刺了字。接着，他们将孙膑扔在地上，锁上门走了。

过了一段时间，随着伤口渐渐地愈合，孙膑开始装疯卖傻。庞涓不信，让人将孙膑关进牛棚。孙膑在牛棚里到处打滚，抓起牛

粪朝自己的脸上抹。庞涓这才认为孙膑是真疯了，便放松了看管。

有一年，齐国派使者到魏国拜访。孙膑得知后，悄悄地让一个活动自由的囚犯找到使者，说了自己的遭遇。使者非常惊讶，偷偷地将孙膑藏在自己的车子里带回了齐国。

齐国的将军田忌听说孙膑的事情后，将他收为自己的门客。从此，孙膑一步步地崭露头角，显示出超凡的军事才华，并在桂陵之战中设计使庞涓自杀而死。

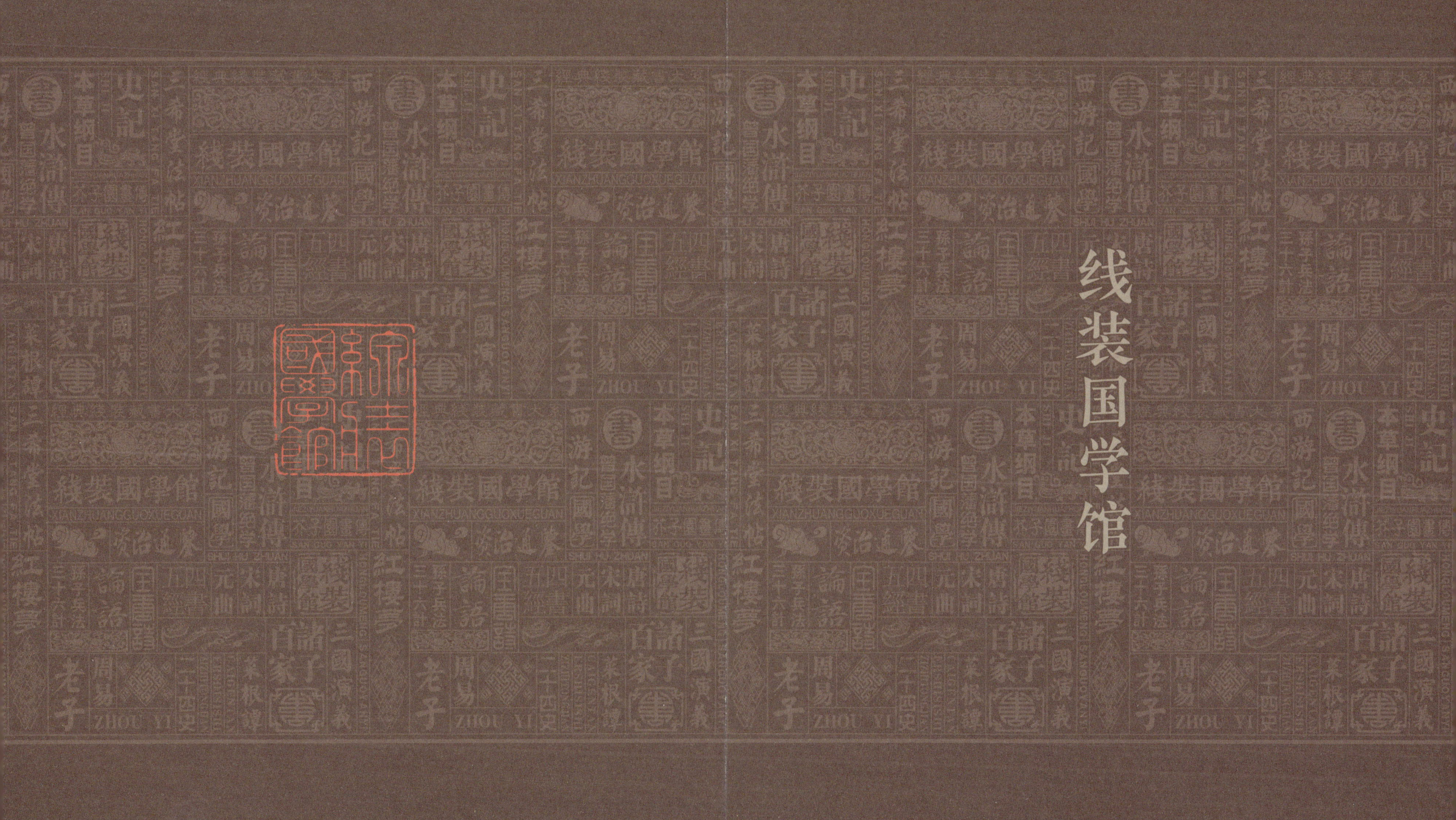
线装国学馆